ISBN: 9798398865226

Website: www.jdalearning.com

Email: jdalearning@gmail.com

Youtube Educational Videos: https://www.youtube.com/c/JadyAlvarez

Instagram: JadyAHomeschool

5 0	
+ 2 3	

1 3	
+ 1 2	

6 8	
+ 3 1	

7 3	
+ 5 5	

8 2	
+ 7 1	

2 7	
+ 1 0	

6 4	
+ 4 4	

9 3	
+ 4 1	

7 0	
+ 3 5	

6 6	
+ 2 2	

1 5	
+ 1 4	

5 4	
+ 3 3	

```
    8  8           3  9           7  1
 +  2  0        +  3  4        +  4  2
[  ][  ][  ]    [  ][  ][  ]    [  ][  ][  ]


    6  7           9  6           2  1
 +  5  5        +  6  1        +  1  1
[  ][  ][  ]    [  ][  ][  ]    [  ][  ][  ]


    1  9           3  6           8  3
 +  1  8        +  3  5        +  5  9
[  ][  ][  ]    [  ][  ][  ]    [  ][  ][  ]


    4  4           6  2           2  9
 +  3  0        +  4  6        +  2  8
[  ][  ][  ]    [  ][  ][  ]    [  ][  ][  ]
```

$$
\begin{array}{r}
5\ 6 \\
+\ 4\ 7 \\
\hline
\square\ \square\ \square
\end{array}
\qquad
\begin{array}{r}
7\ 9 \\
+\ 6\ 1 \\
\hline
\square\ \square\ \square
\end{array}
\qquad
\begin{array}{r}
8\ 0 \\
+\ 3\ 3 \\
\hline
\square\ \square\ \square
\end{array}
$$

$$
\begin{array}{r}
5\ 7 \\
+\ 4\ 4 \\
\hline
\square\ \square\ \square
\end{array}
\qquad
\begin{array}{r}
3\ 2 \\
+\ 1\ 2 \\
\hline
\square\ \square\ \square
\end{array}
\qquad
\begin{array}{r}
5\ 3 \\
+\ 2\ 7 \\
\hline
\square\ \square\ \square
\end{array}
$$

$$
\begin{array}{r}
9\ 9 \\
+\ 5\ 8 \\
\hline
\square\ \square\ \square
\end{array}
\qquad
\begin{array}{r}
4\ 8 \\
+\ 1\ 6 \\
\hline
\square\ \square\ \square
\end{array}
\qquad
\begin{array}{r}
2\ 1 \\
+\ 1\ 4 \\
\hline
\square\ \square\ \square
\end{array}
$$

$$
\begin{array}{r}
6\ 6 \\
+\ 2\ 9 \\
\hline
\square\ \square\ \square
\end{array}
\qquad
\begin{array}{r}
7\ 3 \\
+\ 6\ 8 \\
\hline
\square\ \square\ \square
\end{array}
\qquad
\begin{array}{r}
8\ 7 \\
+\ 3\ 0 \\
\hline
\square\ \square\ \square
\end{array}
$$

```
    1  4          8  7          3  1
+   1  0      +   7  5      +   3  1
```
☐☐☐   ☐☐☐   ☐☐☐

```
    9  6          5  9          4  1
+   6  7      +   3  3      +   2  9
```
☐☐☐   ☐☐☐   ☐☐☐

```
    2  3          3  7          6  6
+   1  9      +   2  6      +   4  4
```
☐☐☐   ☐☐☐   ☐☐☐

```
    9  1          7  7          4  5
+   3  5      +   5  4      +   2  8
```
☐☐☐   ☐☐☐   ☐☐☐

```
    9  8              7  4              5  9
 +  4  3           +  7  2           +  2  6
 ┌──┬──┬──┐        ┌──┬──┬──┐        ┌──┬──┬──┐
 │  │  │  │        │  │  │  │        │  │  │  │
 └──┴──┴──┘        └──┴──┴──┘        └──┴──┴──┘


    3  6              1  8              8  5
 +  1  1           +  1  5           +  4  3
 ┌──┬──┬──┐        ┌──┬──┬──┐        ┌──┬──┬──┐
 │  │  │  │        │  │  │  │        │  │  │  │
 └──┴──┴──┘        └──┴──┴──┘        └──┴──┴──┘


    6  9              4  6              2  4
 +  5  8           +  3  9           +  1  9
 ┌──┬──┬──┐        ┌──┬──┬──┐        ┌──┬──┬──┐
 │  │  │  │        │  │  │  │        │  │  │  │
 └──┴──┴──┘        └──┴──┴──┘        └──┴──┴──┘


    3  7              5  3              7  7
 +  3  4           +  4  9           +  5  6
 ┌──┬──┬──┐        ┌──┬──┬──┐        ┌──┬──┬──┐
 │  │  │  │        │  │  │  │        │  │  │  │
 └──┴──┴──┘        └──┴──┴──┘        └──┴──┴──┘
```

```
    8  1          6  4          4  9
 +  3  7       +  5  5       +  3  2
 ┌──┬──┬──┐    ┌──┬──┬──┐    ┌──┬──┬──┐
 │  │  │  │    │  │  │  │    │  │  │  │
 └──┴──┴──┘    └──┴──┴──┘    └──┴──┴──┘

    2  9          3  3          5  1
 +  1  6       +  2  4       +  5  0
 ┌──┬──┬──┐    ┌──┬──┬──┐    ┌──┬──┬──┐
 │  │  │  │    │  │  │  │    │  │  │  │
 └──┴──┴──┘    └──┴──┴──┘    └──┴──┴──┘

    7  8          9  2          8  5
 +  6  8       +  5  7       +  2  3
 ┌──┬──┬──┐    ┌──┬──┬──┐    ┌──┬──┬──┐
 │  │  │  │    │  │  │  │    │  │  │  │
 └──┴──┴──┘    └──┴──┴──┘    └──┴──┴──┘

    6  4          7  7          5  1
 +  5  4       +  3  8       +  4  8
 ┌──┬──┬──┐    ┌──┬──┬──┐    ┌──┬──┬──┐
 │  │  │  │    │  │  │  │    │  │  │  │
 └──┴──┴──┘    └──┴──┴──┘    └──┴──┴──┘
```

```
    7  3              6  6              5  9
 +  2  5           +  4  1           +  5  0
[  ][  ][  ]       [  ][  ][  ]       [  ][  ][  ]


    8  4              4  4              9  4
 +  3  7           +  1  5           +  8  1
[  ][  ][  ]       [  ][  ][  ]       [  ][  ][  ]


    3  7              5  8              2  7
 +  2  1           +  4  6           +  2  6
[  ][  ][  ]       [  ][  ][  ]       [  ][  ][  ]


    6  9              8  2              9  9
 +  6  1           +  7  9           +  7  2
[  ][  ][  ]       [  ][  ][  ]       [  ][  ][  ]
```

Time: _____

Score: _____

```
   9 1          7 6          5 2
 + 2 2        + 6 8        + 1 9
 [ ][ ][ ]    [ ][ ][ ]    [ ][ ][ ]


   3 5          1 8          2 8
 + 3 5        + 1 2        + 2 7
 [ ][ ][ ]    [ ][ ][ ]    [ ][ ][ ]


   4 4          6 3          8 3
 + 4 1        + 3 7        + 7 9
 [ ][ ][ ]    [ ][ ][ ]    [ ][ ][ ]


   9 4          4 8          5 7
 + 8 8        + 2 5        + 5 6
 [ ][ ][ ]    [ ][ ][ ]    [ ][ ][ ]
```

```
    8  3            2  7            4  9
+   3  8        +   2  1        +   4  4
[  ][  ][  ]    [  ][  ][  ]    [  ][  ][  ]


    6  8            9  2            7  1
+   6  1        +   9  0        +   6  9
[  ][  ][  ]    [  ][  ][  ]    [  ][  ][  ]


    5  1            4  2            3  3
+   1  3        +   4  2        +   1  7
[  ][  ][  ]    [  ][  ][  ]    [  ][  ][  ]


    9  9            3  7            6  1
+   7  8        +   2  8        +   5  2
[  ][  ][  ]    [  ][  ][  ]    [  ][  ][  ]
```

```
   4  9              5  7              9  7
+  1  1           +  2  3           +  8  6
[  ][  ][  ]      [  ][  ][  ]      [  ][  ][  ]


   3  6              8  4              2  3
+  2  2           +  4  0           +  2  0
[  ][  ][  ]      [  ][  ][  ]      [  ][  ][  ]


   8  8              6  5              7  0
+  6  7           +  5  3           +  3  8
[  ][  ][  ]      [  ][  ][  ]      [  ][  ][  ]


   5  5              3  8              9  6
+  5  2           +  3  2           +  9  5
[  ][  ][  ]      [  ][  ][  ]      [  ][  ][  ]
```

	2	7
+	1	9

	6	4
+	5	9

	8	8
+	7	1

	4	2
+	3	9

	9	9
+	5	2

	7	7
+	1	5

	6	1
+	2	7

	7	6
+	4	4

	8	4
+	6	9

	3	3
+	2	1

	5	8
+	4	7

	1	6
+	1	2

```
    3  8            5  6            7  3
 +  2  2         +  4  1         +  3  7
 [ ][ ][ ]       [ ][ ][ ]       [ ][ ][ ]
```

```
    8  6            9  5            4  9
 +  7  2         +  6  3         +  3  3
 [ ][ ][ ]       [ ][ ][ ]       [ ][ ][ ]
```

```
    9  6            8  3            3  9
 +  9  4         +  2  4         +  3  2
 [ ][ ][ ]       [ ][ ][ ]       [ ][ ][ ]
```

```
    1  3            7  0            8  5
 +  1  0         +  4  4         +  5  5
 [ ][ ][ ]       [ ][ ][ ]       [ ][ ][ ]
```

```
    5  7          8  8          6  6
 +  3  6       +  7  0       +  5  9
 ┌──┬──┬──┐    ┌──┬──┬──┐    ┌──┬──┬──┐
 │  │  │  │    │  │  │  │    │  │  │  │
 └──┴──┴──┘    └──┴──┴──┘    └──┴──┴──┘

    3  4          4  4          7  3
 +  2  0       +  1  6       +  5  1
 ┌──┬──┬──┐    ┌──┬──┬──┐    ┌──┬──┬──┐
 │  │  │  │    │  │  │  │    │  │  │  │
 └──┴──┴──┘    └──┴──┴──┘    └──┴──┴──┘

    1  7          9  9          4  7
 +  1  1       +  7  9       +  3  5
 ┌──┬──┬──┐    ┌──┬──┬──┐    ┌──┬──┬──┐
 │  │  │  │    │  │  │  │    │  │  │  │
 └──┴──┴──┘    └──┴──┴──┘    └──┴──┴──┘

    2  2          5  3          7  1
 +  1  4       +  4  9       +  6  6
 ┌──┬──┬──┐    ┌──┬──┬──┐    ┌──┬──┬──┐
 │  │  │  │    │  │  │  │    │  │  │  │
 └──┴──┴──┘    └──┴──┴──┘    └──┴──┴──┘
```

```
   2  3              6  1              5  7
+  2  2           +  4  9           +  3  8
```

```
   9  8              8  2              4  3
+  7  7           +  5  6           +  2  8
```

```
   7  6              8  0              3  1
+  5  5           +  6  0           +  2  9
```

```
   5  4              3  9              5  0
+  4  2           +  2  9           +  2  1
```

Time: _____

Score: _____

```
    9  5          7  6          4  1
 +  7  5       +  6  2       +  3  4
 ┌──┬──┬──┐    ┌──┬──┬──┐    ┌──┬──┬──┐
 │  │  │  │    │  │  │  │    │  │  │  │
 └──┴──┴──┘    └──┴──┴──┘    └──┴──┴──┘


    2  8          5  6          8  5
 +  2  7       +  4  5       +  8  4
 ┌──┬──┬──┐    ┌──┬──┬──┐    ┌──┬──┬──┐
 │  │  │  │    │  │  │  │    │  │  │  │
 └──┴──┴──┘    └──┴──┴──┘    └──┴──┴──┘


    6  7          4  8          9  0
 +  5  8       +  3  2       +  5  0
 ┌──┬──┬──┐    ┌──┬──┬──┐    ┌──┬──┬──┐
 │  │  │  │    │  │  │  │    │  │  │  │
 └──┴──┴──┘    └──┴──┴──┘    └──┴──┴──┘


    8  0          3  9          1  9
 +  6  6       +  1  0       +  1  3
 ┌──┬──┬──┐    ┌──┬──┬──┐    ┌──┬──┬──┐
 │  │  │  │    │  │  │  │    │  │  │  │
 └──┴──┴──┘    └──┴──┴──┘    └──┴──┴──┘
```

```
    8 1 9          3 1 7          7 3 8
+     5 7      +     4 2      +     7 9
□ □ □ □        □ □ □ □        □ □ □ □
```

```
    6 0 6          2 1 2          5 4 6
+     9 8      +     6 9      +     4 7
□ □ □ □        □ □ □ □        □ □ □ □
```

```
    3 7 5          3 6 5          1 0 0
+     8 8      +     4 9      +     5 3
□ □ □ □        □ □ □ □        □ □ □ □
```

```
    7 5 0          3 5 6          8 4 4
+     9 1      +     5 7      +     3 9
□ □ □ □        □ □ □ □        □ □ □ □
```

```
    3  6  6          7  3  7          4  1  5
 +     2  1       +     9  9       +     3  9
 [  ][  ][  ][  ]  [  ][  ][  ][  ]  [  ][  ][  ][  ]


    5  5  6          8  4  3          9  7  3
 +     6  4       +     8  0       +     4  9
 [  ][  ][  ][  ]  [  ][  ][  ][  ]  [  ][  ][  ][  ]


    2  9  0          6  2  1          1  0  8
 +     5  5       +     8  8       +     9  0
 [  ][  ][  ][  ]  [  ][  ][  ][  ]  [  ][  ][  ][  ]


    9  4  3          2  0  6          3  9  9
 +     7  8       +     9  7       +     1  6
 [  ][  ][  ][  ]  [  ][  ][  ][  ]  [  ][  ][  ][  ]
```

```
    4  7  1          6  3  7          5  7  7
 +     3  9       +     8  2       +     2  9
 [  ][  ][  ][  ]  [  ][  ][  ][  ]  [  ][  ][  ][  ]


    9  0  6          5  2  3          3  2  2
 +     9  5       +     4  8       +     9  4
 [  ][  ][  ][  ]  [  ][  ][  ][  ]  [  ][  ][  ][  ]


    4  9  2          8  3  7          7  8  1
 +     1  5       +     6  6       +     1  9
 [  ][  ][  ][  ]  [  ][  ][  ][  ]  [  ][  ][  ][  ]


    9  4  3          2  6  5          1  8  9
 +     7  8       +     4  7       +     1  1
 [  ][  ][  ][  ]  [  ][  ][  ][  ]  [  ][  ][  ][  ]
```

```
    5  5  9          7  2  8          3  3  7
 +     4  1       +     2  2       +     6  4
 [  ][  ][  ][  ]  [  ][  ][  ][  ]  [  ][  ][  ][  ]


    1  2  3          2  8  5          9  4  5
 +     7  7       +     6  5       +     5  5
 [  ][  ][  ][  ]  [  ][  ][  ][  ]  [  ][  ][  ][  ]


    6  9  1          1  5  9          8  4  4
 +     8  9       +     4  1       +     3  6
 [  ][  ][  ][  ]  [  ][  ][  ][  ]  [  ][  ][  ][  ]


    9  3  8          4  4  1          5  1  6
 +     6  2       +     5  9       +     7  2
 [  ][  ][  ][  ]  [  ][  ][  ][  ]  [  ][  ][  ][  ]
```

```
    7  3  1          4  0  3          3  2  6
+      8  4       +      8  3       +      4  7
┌──┐┌──┐┌──┐┌──┐  ┌──┐┌──┐┌──┐┌──┐  ┌──┐┌──┐┌──┐┌──┐
└──┘└──┘└──┘└──┘  └──┘└──┘└──┘└──┘  └──┘└──┘└──┘└──┘


    8  3  0          2  6  6          6  3  8
+      3  0       +      4  2       +      1  0
┌──┐┌──┐┌──┐┌──┐  ┌──┐┌──┐┌──┐┌──┐  ┌──┐┌──┐┌──┐┌──┐
└──┘└──┘└──┘└──┘  └──┘└──┘└──┘└──┘  └──┘└──┘└──┘└──┘


    5  7  4          6  4  7          3  0  0
+      7  3       +      3  0       +      9  9
┌──┐┌──┐┌──┐┌──┐  ┌──┐┌──┐┌──┐┌──┐  ┌──┐┌──┐┌──┐┌──┐
└──┘└──┘└──┘└──┘  └──┘└──┘└──┘└──┘  └──┘└──┘└──┘└──┘


    9  7  3          8  5  6          2  8  9
+      2  7       +      4  3       +      9  8
┌──┐┌──┐┌──┐┌──┐  ┌──┐┌──┐┌──┐┌──┐  ┌──┐┌──┐┌──┐┌──┐
└──┘└──┘└──┘└──┘  └──┘└──┘└──┘└──┘  └──┘└──┘└──┘└──┘
```

```
   3  2  4        4  7  7        7  3  5
+     6  5     +     6  4     +     3  9
□  □  □  □     □  □  □  □     □  □  □  □
```

```
   5  6  1        2  1  1        6  7  1
+     4  8     +     2  7     +     2  9
□  □  □  □     □  □  □  □     □  □  □  □
```

```
   8  4  8        9  9  5        5  4  4
+     7  4     +     1  5     +     6  6
□  □  □  □     □  □  □  □     □  □  □  □
```

```
   8  0  8        1  0  6        3  7  5
+     9  3     +     2  1     +     4  4
□  □  □  □     □  □  □  □     □  □  □  □
```

```
    4  1  2          6  4  1          9  4  7
 +     2  5       +     8  2       +     8  5
 ┌──┬──┬──┬──┐    ┌──┬──┬──┬──┐    ┌──┬──┬──┬──┐
 │  │  │  │  │    │  │  │  │  │    │  │  │  │  │
 └──┴──┴──┴──┘    └──┴──┴──┴──┘    └──┴──┴──┴──┘


    6  4  4          8  9  1          7  5  0
 +     5  3       +     4  8       +     9  4
 ┌──┬──┬──┬──┐    ┌──┬──┬──┬──┐    ┌──┬──┬──┬──┐
 │  │  │  │  │    │  │  │  │  │    │  │  │  │  │
 └──┴──┴──┴──┘    └──┴──┴──┴──┘    └──┴──┴──┴──┘


    3  2  6          5  4  4          9  0  3
 +     4  1       +     7  2       +     4  1
 ┌──┬──┬──┬──┐    ┌──┬──┬──┬──┐    ┌──┬──┬──┬──┐
 │  │  │  │  │    │  │  │  │  │    │  │  │  │  │
 └──┴──┴──┴──┘    └──┴──┴──┴──┘    └──┴──┴──┴──┘


    1  6  9          5  6  7          5  9  1
 +     3  7       +     9  3       +     8  2
 ┌──┬──┬──┬──┐    ┌──┬──┬──┬──┐    ┌──┬──┬──┬──┐
 │  │  │  │  │    │  │  │  │  │    │  │  │  │  │
 └──┴──┴──┴──┘    └──┴──┴──┴──┘    └──┴──┴──┴──┘
```

```
    3  7  1          4  9  2          1  2  9
 +     7  6       +     5  7       +     4  0
 ┌──┬──┬──┬──┐    ┌──┬──┬──┬──┐    ┌──┬──┬──┬──┐
 │  │  │  │  │    │  │  │  │  │    │  │  │  │  │
 └──┴──┴──┴──┘    └──┴──┴──┴──┘    └──┴──┴──┴──┘


    7  6  2          2  5  2          4  2  9
 +     4  8       +     6  7       +     1  3
 ┌──┬──┬──┬──┐    ┌──┬──┬──┬──┐    ┌──┬──┬──┬──┐
 │  │  │  │  │    │  │  │  │  │    │  │  │  │  │
 └──┴──┴──┴──┘    └──┴──┴──┴──┘    └──┴──┴──┴──┘


    6  1  0          1  3  3          4  2  6
 +     7  4       +     5  8       +     7  4
 ┌──┬──┬──┬──┐    ┌──┬──┬──┬──┐    ┌──┬──┬──┬──┐
 │  │  │  │  │    │  │  │  │  │    │  │  │  │  │
 └──┴──┴──┴──┘    └──┴──┴──┴──┘    └──┴──┴──┴──┘


    5  2  1          8  1  4          7  1  9
 +     6  3       +     6  2       +     9  8
 ┌──┬──┬──┬──┐    ┌──┬──┬──┬──┐    ┌──┬──┬──┬──┐
 │  │  │  │  │    │  │  │  │  │    │  │  │  │  │
 └──┴──┴──┴──┘    └──┴──┴──┴──┘    └──┴──┴──┴──┘
```

```
  9  3  2        5  1  9        1  6  3
+    4  6      +    4  2      +    1  9
□  □  □  □     □  □  □  □     □  □  □  □
```

```
  3  4  8        5  7  8        9  6  3
+    2  6      +    3  0      +    5  4
□  □  □  □     □  □  □  □     □  □  □  □
```

```
  9  1  6        6  1  8        5  4  7
+    4  4      +    4  7      +    8  5
□  □  □  □     □  □  □  □     □  □  □  □
```

```
  8  4  4        4  2  6        2  2  1
+    1  9      +    5  3      +    5  3
□  □  □  □     □  □  □  □     □  □  □  □
```

```
   7  2  4          8  2  0          2  3  6
+     9  3       +     7  4       +     9  1
□  □  □  □       □  □  □  □       □  □  □  □
```

```
   4  8  3          9  8  2          8  1  0
+     7  4       +     4  6       +     3  1
□  □  □  □       □  □  □  □       □  □  □  □
```

```
   4  7  4          7  8  2          2  5  1
+     3  6       +     6  3       +     9  6
□  □  □  □       □  □  □  □       □  □  □  □
```

```
   4  4  4          7  6  2          1  5  3
+     6  3       +     4  7       +     6  1
□  □  □  □       □  □  □  □       □  □  □  □
```

```
    9  2  1        4  5  7        2  7  5
 +  4  1  8     +  3  0  2     +  7  5  6
 □  □  □  □     □  □  □  □     □  □  □  □


    9  7  4        2  7  4        1  0  9
 +  3  5  8     +  5  9  0     +  3  9  8
 □  □  □  □     □  □  □  □     □  □  □  □


    4  5  0        9  0  5        2  9  9
 +  7  2  1     +  3  6  8     +  5  9  9
 □  □  □  □     □  □  □  □     □  □  □  □


    8  4  0        4  8  7        8  7  1
 +  3  5  6     +  1  3  4     +  5  6  1
 □  □  □  □     □  □  □  □     □  □  □  □
```

```
   5 4 3        8 6 1        6 0 6
 + 7 4 2      + 8 7 9      + 6 0 4
 _____     _____     _____
 □ □ □ □      □ □ □ □      □ □ □ □
```

```
   7 5 7        3 2 1        7 4 1
 + 6 5 7      + 3 1 9      + 6 3 9
 _____     _____     _____
 □ □ □ □      □ □ □ □      □ □ □ □
```

```
   8 8 5        3 1 5        5 4 9
 + 6 4 5      + 3 0 0      + 5 3 8
 _____     _____     _____
 □ □ □ □      □ □ □ □      □ □ □ □
```

```
   8 1 4        9 0 9        6 3 6
 + 3 7 6      + 8 9 5      + 5 4 7
 _____     _____     _____
 □ □ □ □      □ □ □ □      □ □ □ □
```

```
    9  3  2          5  0  5          3  1  9
 +  7  6  8       +  4  9  6       +  3  0  1
[  ][  ][  ][  ]  [  ][  ][  ][  ]  [  ][  ][  ][  ]


    6  1  3          8  7  9          9  3  5
 +  5  6  7       +  7  6  5       +  5  6  5
[  ][  ][  ][  ]  [  ][  ][  ][  ]  [  ][  ][  ][  ]


    4  4  6          9  3  6          8  0  8
 +  3  1  6       +  5  1  5       +  7  5  2
[  ][  ][  ][  ]  [  ][  ][  ][  ]  [  ][  ][  ][  ]


    6  3  9          8  9  1          6  2  7
 +  5  7  4       +  7  8  9       +  4  0  3
[  ][  ][  ][  ]  [  ][  ][  ][  ]  [  ][  ][  ][  ]
```

```
   3 3 3          5 4 8          8 3 9
 + 2 7 9        + 3 1 1        + 6 2 2
 [ ][ ][ ][ ]   [ ][ ][ ][ ]   [ ][ ][ ][ ]

   8 7 6          6 2 1          7 5 6
 + 5 4 3        + 6 2 0        + 6 8 8
 [ ][ ][ ][ ]   [ ][ ][ ][ ]   [ ][ ][ ][ ]

   9 3 7          6 5 7          6 7 4
 + 8 5 7        + 3 4 6        + 8 8 4
 [ ][ ][ ][ ]   [ ][ ][ ][ ]   [ ][ ][ ][ ]

   4 7 8          5 0 8          4 1 9
 + 6 5 6        + 4 6 6        + 1 1 5
 [ ][ ][ ][ ]   [ ][ ][ ][ ]   [ ][ ][ ][ ]
```

```
    1  3  7        7  5  4        8  1  8
 +  2  4  8     +  6  4  9     +  2  1  2
 [ ][ ][ ][ ]   [ ][ ][ ][ ]   [ ][ ][ ][ ]


    5  2  8        9  0  5        4  5  5
 +  4  3  2     +  8  7  5     +  3  1  5
 [ ][ ][ ][ ]   [ ][ ][ ][ ]   [ ][ ][ ][ ]


    9  9  7        4  5  2        4  1  2
 +  7  4  4     +  1  7  7     +  8  4  6
 [ ][ ][ ][ ]   [ ][ ][ ][ ]   [ ][ ][ ][ ]


    2  8  9        5  4  5        9  6  8
 +  1  3  4     +  5  1  7     +  2  4  3
 [ ][ ][ ][ ]   [ ][ ][ ][ ]   [ ][ ][ ][ ]
```

```
    9  0  4          4  5  4          7  5  1
 +  8  0  2       +  3  1  6       +  2  4  9
 □  □  □  □       □  □  □  □       □  □  □  □


    6  1  1          8  3  6          5  2  7
 +  5  7  3       +  7  1  2       +  4  1  3
 □  □  □  □       □  □  □  □       □  □  □  □


    9  8  6          4  3  2          8  5  3
 +  3  2  5       +  2  5  9       +  7  5  7
 □  □  □  □       □  □  □  □       □  □  □  □


    3  6  5          9  5  0          2  4  5
 +  3  1  7       +  7  0  6       +  1  3  2
 □  □  □  □       □  □  □  □       □  □  □  □
```

```
    7  6  5          5  9  9          8  2  5
 +  6  1  6       +  4  7  6       +  3  1  5
 [ ][ ][ ][ ]     [ ][ ][ ][ ]     [ ][ ][ ][ ]


    9  7  5          7  4  4          1  0  5
 +  8  7  6       +  5  3  8       +  1  0  3
 [ ][ ][ ][ ]     [ ][ ][ ][ ]     [ ][ ][ ][ ]


    6  6  5          4  1  0          2  3  7
 +  5  4  7       +  3  7  8       +  1  9  0
 [ ][ ][ ][ ]     [ ][ ][ ][ ]     [ ][ ][ ][ ]


    6  9  8          3  6  2          9  4  3
 +  5  2  6       +  2  9  0       +  8  1  0
 [ ][ ][ ][ ]     [ ][ ][ ][ ]     [ ][ ][ ][ ]
```

```
   3  0  9          6  3  7          7  9  0
+  2  2  6       +  5  7  4       +  4  0  8
[ ][ ][ ][ ]     [ ][ ][ ][ ]     [ ][ ][ ][ ]


   8  7  5          9  6  4          5  6  6
+  8  1  2       +  9  4  6       +  4  8  2
[ ][ ][ ][ ]     [ ][ ][ ][ ]     [ ][ ][ ][ ]


   3  7  1          4  4  3          2  9  9
+  3  6  8       +  3  2  7       +  1  3  5
[ ][ ][ ][ ]     [ ][ ][ ][ ]     [ ][ ][ ][ ]


   1  7  6          6  1  5          5  3  1
+  1  6  2       +  6  1  3       +  3  9  4
[ ][ ][ ][ ]     [ ][ ][ ][ ]     [ ][ ][ ][ ]
```

```
   4  2  8          7  1  6          3  1  8
+  4  1  2       +  6  8  4       +  1  9  5
[  ][  ][  ][  ]  [  ][  ][  ][  ]  [  ][  ][  ][  ]


   9  8  6          8  4  2          9  0  3
+  8  7  5       +  7  8  9       +  6  9  5
[  ][  ][  ][  ]  [  ][  ][  ][  ]  [  ][  ][  ][  ]


   5  4  3          7  2  9          8  3  4
+  2  3  7       +  7  1  5       +  5  2  9
[  ][  ][  ][  ]  [  ][  ][  ][  ]  [  ][  ][  ][  ]


   4  7  8          6  7  9          5  7  3
+  3  9  1       +  5  4  5       +  1  0  1
[  ][  ][  ][  ]  [  ][  ][  ][  ]  [  ][  ][  ][  ]
```

```
    8  9  9          7  7  1          9  5  5
 +  6  4  3       +  5  9  2       +  4  8  7
 [ ][ ][ ][ ]     [ ][ ][ ][ ]     [ ][ ][ ][ ]


    6  8  2          5  5  7          4  0  4
 +  5  1  4       +  4  2  6       +  6  9  5
 [ ][ ][ ][ ]     [ ][ ][ ][ ]     [ ][ ][ ][ ]


    3  9  8          2  4  7          7  8  5
 +  1  2  9       +  1  8  9       +  3  1  9
 [ ][ ][ ][ ]     [ ][ ][ ][ ]     [ ][ ][ ][ ]


    5  8  6          4  4  6          6  3  7
 +  4  7  2       +  3  3  9       +  5  8  6
 [ ][ ][ ][ ]     [ ][ ][ ][ ]     [ ][ ][ ][ ]
```

Made in the USA
Las Vegas, NV
13 January 2024

84310453R00044